MÉMOIRE

JUSTIFICATIF

DE L'ABBÉ VINSON.

MÉMOIRE
JUSTIFICATIF
DE L'ABBÉ VINSON,

ACCUSÉ

PAR M. LE PROCUREUR DU ROI, près le Tribunal de première instance du département de la Seine, jugeant en police correctionnelle,

D'avoir répandu publiquement des alarmes touchant l'inviolabilité des propriétés qu'on appelle nationales, par la publication de son ouvrage, intitulé :

LE CONCORDAT EXPLIQUÉ AU ROI.

Et illi quidem ibant gaudentes à conspectu concilii, quoniam digni habiti sunt pro nomine JESU contumeliam pati. (*Act. Apost.*, c. 5, v. 41.)

« Et ils sortaient du tribunal en se réjouissant d'avoir » été jugés dignes de souffrir quelque affront pour » le nom de JÉSUS. »

A PARIS,

L. G. MICHAUD, IMPRIMEUR DU ROI,

RUE DES BONS-ENFANTS, N°. 34.

M. DCCC. XVI.

AU ROI.

SIRE,

Je suis accusé de sédition devant les tribunaux, à l'occasion d'un ouvrage entièrement écrit en faveur de l'autel et du trône, et qu'un de mes supérieurs ecclésiastiques a présenté lui-même à VOTRE MAJESTÉ. Pour tous les Français, et surtout pour les royalistes, *toute justice émane du Roi*: c'est donc aux pieds de VOTRE MAJESTÉ que je dois, à ce double titre, déposer premièrement l'hommage et les preuves de mon innocence. Après cet acte de royalisme et d'invariable fidélité, l'obéissance me conduira devant mes juges ; et quelle que soit leur sentence...... VIVE LE ROI !

Je suis,

DE VOTRE MAJESTÉ,

SIRE,

Le très humble, très obéissant et très soumis et fidèle sujet,

L'abbé VINSON,

Prêtre, vicaire de Ste.-Opportune de Poitiers.

MÉMOIRE

JUSTIFICATIF

DE L'ABBÉ VINSON.

SIRE,

Le divin Sauveur du monde, assis dans une barque avec ses disciples, sommeillait et voguait sur le lac de Génézaret : une tempête s'éleva tout-à-coup, et souleva les flots qui menacèrent de les engloutir. *Seigneur*, s'écrièrent les disciples, *nous périssons! réveillez-vous et sauvez-nous!* Alors Jésus se réveilla, parla aux vents, et les flots s'apaisèrent.

La tempête des persécutions religieuses que Votre Majesté, après vingt ans d'exil, avait appaisée par sa seule présence, voudrait-elle s'élever de nouveau ? voudrait-elle engloutir vos disciples, vos compagnons d'exil et d'infortune, les apôtres de la légitimité sacerdotale et royale, et les restes enfin de ce clergé catholique et fidèle, qui a constamment défendu les droits sacrés de l'autel et du trône, et qui n'a jamais ni violé ses serments, ni reconnu d'autre souverain que Votre Majesté? L'illustre prélat qu'on peut justement appeler par son âge et ses vertus, le patriarche de l'église gallicane, est à leur tête, et il occupe une place éminente auprès de votre personne sacrée : *pacificateur de la France, nous périssons! réveillez-vous, Sire! parlez aux vents qui nous menacent, et sauvez-nous!*

Telles sont les paroles que nos évêques, sans doute, ont déjà plusieurs fois adressées à Votre Majesté : et moi-même aujourd'hui, particulièrement frappé de cette funeste tempête, et menacé par les tribunaux d'en éprouver bientôt les plus terribles coups, je viens répéter au pied du trône ces mêmes paroles apostoliques, et demander à Votre Majesté, non la grâce, mais la justice qu'elle doit, et qu'elle aime à rendre sans doute à tous ses sujets, et plus particulièrement encore aux intrépides défenseurs de sa cause : car l'innocence ne doit jamais réclamer que les jugements de la plus stricte équité; elle peut laisser au crime le soin de se sauver dans les pays lointains, à la faveur de la clémence des Rois.

Sire, je suis appelé devant les tribunaux pour un ouvrage que j'ai publié en faveur de l'église gallicane et des droits de Votre Majesté; je l'ai fait remettre et déposer aux pieds de Votre Majesté : et c'est là par conséquent, c'est aux pieds de Votre Majesté que doivent être portées les premières preuves de ma justification. Ma doctrine religieuse et ma loyauté sont à la fois compromises; on veut m'arracher le mérite et la gloire de vingt-cinq ans de fidélité à mes supérieurs légitimes et à mon légitime Souverain; et pour avoir écrit et publié un ouvrage où je prouve que la cour de Rome, et le souverain Pontife, et le cardinal Caprara, soutenus et secondés par un usurpateur, n'ont point eu le droit de bouleverser l'église gallicane, ni de chasser de leurs siéges nos évêques légitimement élus, et canoniquement institués, ni de proscrire la famille des Bourbons, ni de délier les Français de leur serment de fidélité, ni de leur imposer, par un catéchisme nouveau, le devoir d'obéir et d'être fidèle à Buonaparte, à sa famille, à ses successeurs, sous peine de damnation éternelle; ni d'exercer, enfin, une puissance religieusement, civilement et politiquement souveraine sur le temporel de nos Rois et sur la propriété de leurs plus fidèles sujets; pour avoir démontré toutes ces vérités, dis-je, je suis menacé des odieuses conséquences d'un jugement criminel, de la perte de mon honneur et de ma liberté, d'un emprisonnement peut-être de cinq années, et d'une amende qui pourra s'élever jusqu'à la somme de 20,000 francs : heureux même, si les magistrats de Votre Majesté ne me renvoient pas, au nom de Votre Majesté, dans l'exil et la proscription que j'ai soufferts pendant vingt-deux ans pour les intérêts et la cause de Votre Majesté!

Mais que dis-je? il n'en sera point ainsi: *toute justice émane du Roi*, dit le 57me. article de la Charte constitutionnelle; et c'est aussi le premier article de cette Charte de fidélité, d'obéissance et d'amour que les vrais royalistes ont toujours présent à l'esprit et gravé dans leurs cœurs. Je vais remonter à cette source de *toute justice*, comme on va puiser quelquefois toujours l'eau pure à sa source : je vais d'abord plaider ma cause au pied du trône, à l'auguste tribunal du Prince que, dans notre exil, nous avions et reconnaissions uniquement pour juge et pour maître, tandis que la France était jugée et maîtrisée par Buonaparte et ses tyrans subalternes ; je ferai retentir mon innocence des marches du trône jusqu'au fond des tribunaux, et là je viendrai chercher ensuite mon diplôme judiciaire et l'acte authentique de ma justification, aux mêmes lieux d'où sont partis les actes de mon accusation trop publique.

En effet, les journaux m'ont déjà représenté aux yeux de toute la France et de l'Europe entière, comme un *écrivain séditieux*, *violateur des lois et de la Charte constitutionnelle*, prédicateur d'*une doctrine dangereuse et erronée*, et *perturbateur de la paix des consciences*, *et de la tranquillité de l'État*. Il est donc indispensablement nécessaire et juste de donner à la démonstration et aux preuves irrécusables de mon innocence, la plus grande publicité; et si, dans cette discussion délicate, où je me trouve entraîné malgré moi par une attaque indirecte contre la foi catholique, contre l'église gallicane, contre son clergé fidèle, il m'arrive, pour les justifier, de poser des principes, de rappeler des maximes et de citer des faits qu'il eût mieux valu taire et laisser dans l'oubli, Votre Majesté ne peut et ne doit en accuser désormais que mes accusateurs.

Cependant, je ne parlerai point à Votre Majesté des vexations, des emprisonnements, des persécutions qu'ont éprouvés, depuis deux ans, dans plusieurs provinces de votre royaume, des prêtres catholiques et royalistes qui, dans l'exil, ont appris de leurs évêques, et de Votre Majesté même, à regarder le Concordat comme un acte injuste, illégitime et invalide dans sa nature et ses effets. Je n'affligerai pas vos regards et votre ame par le scandaleux tableau des ecclésiastiques fidèles, traduits devant les maires et les préfets, pour cause de leurs opinions religieuses et de l'exercice de leur culte: je pourrais tracer ici les noms et les disgrâces de messieurs Joly, à Dieppe; Fleury, à Fougères; Turmeau, à Blois; Darienroy, à Grenoble; Mérille, à Mayenne; Beaumier, à Vendôme; d'Arragon, à Coutances; Roger, à Séez; Grangeard, au département de la Sarthe; et dans celui de l'Arriége, M. Dégeil, et un vénérable octogénaire, religieux capucin, surnommé le père Isidore: mais Votre Majesté les entendrait peut-être avec regret; et pour le triomphe de la religion et de la vérité, je me borne au simple exposé de mon affaire; le voici:

Au commencement de cette année, 1816, j'ai publié l'*explication du Concordat suivant la doctrine de l'Église et les réclamations canoniques des évêques légitimes de France.* C'est dans leur ouvrage que j'ai puisé tous les principes du mien. Ils ont démontré jusqu'à l'évidence, la nullité du Concordat, l'invalidité de leurs destitutions, et l'inviolabilité de vos droits au trône de France. Je me suis attaché aux mêmes vérités; je les ai développées dans mon écrit; j'en ai fait hommage à tous mes supérieurs ecclésiastiques; ils m'ont généralement accordé leur approbation; Votre Majesté même a daigné le recevoir des mains de son grand-aumônier, et une bouche épiscopale m'a assuré qu'il n'avait pas déplu à Votre Majesté.

Cependant, après cinq mois de publication, ce même ouvrage est soudainement attaqué comme *séditieux*. On a profité, peut-être à dessein de me condamner par défaut, d'une courte absence de quinze jours pour m'assigner à comparaître, le 10 août, devant le tribunal de première instance, jugeant en police correctionnelle : là, je dois aller m'entendre condamner aux peines prononcées par les lois, et répondre aux conclusions qui seront prises contre moi, par M. le procureur du Roi : *attendu*, est-il dit dans l'assignation à prévenu, *que le sieur Vinson a fait imprimer, vendre et distribuer un ouvrage dans lequel il développe les principes les plus dangereux et les plus susceptibles de faire naître de nouveaux troubles dans l'État ; et, que notamment aux pages* 49, 73, 85, 92, 93, 94, 95, 102 *et* 123, *le sieur Vinson s'élève tout à la fois contre l'article* 13 *de la loi du Concordat du mois de juillet* 1801, *et contre l'article* 9e. *de la Charte constitutionnelle, du* 4 *juin* 1814 ; *que, par exemple, il y qualifie de voleurs, de spoliateurs sacrilèges, de trans-*

gresseurs impénitents de toutes les lois divines, et y menace de la damnation éternelle les laïcs, détenteurs des domaines provenants du clergé, aliénés depuis 1791 ; *qu'ainsi le sieur Vinson a répandu publiquement des alarmes touchant l'inviolabilité des propriétés qu'on appelle nationales ; actes séditieux prévus par les articles* 8, 9 *et* 10 *de la loi du* 9 *novembre* 1815 ; *qu'enfin l'ouvrage du sieur Vinson doit être considéré comme une provocation, soit indirecte, soit même directe au genre de délit, sus mentionné, à raison de la doctrine dangereuse et* ERRONNÉE *qu'il professe, et de son opposition formelle avec les lois politiques, civiles et pénales qui nous régissent.*

Telle est, SIRE, la somme des accusations portées contre moi, devant un tribunal criminel, aux yeux de la France et de l'Europe entière. Ma doctrine religieuse et politique, telle que je l'ai invariablement professée pendant vingt-cinq ans dans l'exil, sous les yeux et avec l'approbation des princes du sang et des princes de l'Église, n'est plus aujourd'hui qu'une *doctrine dangereuse et* ERRONNÉE ; elle reçoit ici d'un magistrat du Roi la même dénomination qui lui fut donnée par des magistrats factieux, lorsqu'en 1792 on me traduisit devant les autorités et les tribunaux populaires, pour mon *opposition formelle* à la constitution civile du clergé, et aux lois révolutionnaires de ce temps-là. Mais, grâce au ciel, les temps, les tribunaux, les juges, les chefs de l'État ne sont plus ce qu'ils étaient alors. Accusation et condamnation, juge et bourreau, assignation et arrêt de mort, tous ces mots étaient synonymes; c'était un crime capital d'être prêtre catholique; c'était un crime de prononcer le nom du Roi. Les noms, le caractère, le seul aspect des juges frappaient d'une irrésistible épouvante; et le Français loyal et fidèle ne se présentait devant eux qu'avec la certitude de marcher au supplice. Mais au pied du trône, et devant ce tribunal qui doit me juger, je m'avance avec la certitude du triomphe, et la conscience d'une parfaite irréprochabilité.

Après avoir mis sous les yeux de Votre Majesté, la longue série des accusations dont on m'accable, il importe à ma cause, à la clarté des discussions, à la force et à l'abondance de mes raisons justificatives, d'en faire une division méthodique, et de répondre à chaque article en particulier; mais dans cette importante et religieuse discussion, je n'oublierai pas que la vérité seule, et toute la vérité, doit parler ici pour la cause de Dieu, en présence des rois qui sont ici-bas son image.

1°. Je suis accusé *d'avoir développé, dans mon ouvrage, les principes les plus dangereux, et les plus susceptibles de faire naître des troubles dans l'État.*

Quoiqu'une accusation générique de cette nature, faite en termes vagues et sans aucune spécification, appartienne plutôt aux écrits polémiques qu'aux formes judiciaires; quoiqu'elle soit ordinairement rejetée par la justice, et qu'elle ne soit réellement d'aucun poids dans sa balance, je vais y répondre en récapitulant et spécifiant tous les principes de mon écrit. Guidé par les réclamations canoniques de nos évêques légitimes, imprimées à Londres, et réimprimées à Paris, par les ordres de Mgr. le grand-aumônier, j'ai dit et prouvé que notre Saint-Père le pape Pie VII n'a pas le droit d'anéantir l'Église gallicane, de bouleverser tous ses diocèses, et de chasser tous ses évêques de leurs siéges, et tous ses curés de leurs paroisses, sans l'autorité du souverain légitime et le consentement des premiers pasteurs de cette église.

J'ai dit et prouvé que dans l'église catholique, un siége épiscopal ne peut être vacant que par la mort, le jugement canonique, ou la démission du titulaire.

J'ai dit et prouvé que les évêques établis sur des siéges non vacants, sont des intrus.

J'ai dit et prouvé que l'usurpateur assis sur le trône de Louis XVIII, quoiqu'établi par l'autorité du pape et sacré par ses mains, n'était qu'un intrus politique et un véritable tyran.

J'ai dit et prouvé que la cour de Rome et les souverains pontifes établis, par l'Esprit-Saint, pour gouverner solidairement et conjointement avec les évêques, l'église de Dieu, n'ont aucun droit sur le temporel de nos Rois légitimes, ni sur leur trône, ni sur la propriété de leurs sujets.

J'ai dit et prouvé que l'autorité des conciles généraux, dans l'Église catholique, est supérieure à celle des papes.

J'ai dit et prouvé que le souverain pontife Pie VII, et son légat *à latere*, le cardinal Caprara, n'ont point eu le droit de délier les Français de leur serment de fidélité au légitime souverain, ni de proscrire la famille des Bourbons.

J'ai dit et prouvé que tout ce qui a été fait conjointement en France par le Pape Pie VII, par le cardinal Caprara et par l'usurpateur Buonaparte, est illégitime et nul, puisqu'ils agissaient sans le consentement et contre les droits et la volonté du légitime souverain et des évêques légitimes de France.

Enfin tous les principes de mon ouvrage ont pour but la conservation des droits de l'autel et du trône, et le maintien de la double légitimité sacerdotale et royale. Votre Majesté, SIRE, a pu s'en convaincre; elle a lu cet écrit essentiellement loyal; et j'ose dire que ce n'est point en professant, mais en oubliant, en attaquant, en renversant de pareils principes, qu'on peut exciter de nouveaux troubles dans l'État.

2°. Je suis accusé *de m'élever tout à la fois, dans mon ouvrage, contre l'article* 13 *de la loi du Concordat, du mois de juillet* 1801; *et contre l'article* 9 *de la Charte constitutionnelle, du* 4 *juin* 1814.

SIRE, l'obéissance, le respect et l'amour que nous devons à votre autorité suprême, à vos lois, à votre personne sacrée, m'imposent le devoir de traiter séparément ces deux points d'accusation. A Dieu ne plaise que jamais, dans le code de nos lois, je place en lignes parallèles, et fasse marcher de front le Concordat qui vous exclut du trône, et la Charte que Votre Majesté nous a donnée en remontant sur le trône ! Ce blasphême, tout à la fois religieux et politique, ne sortira point de ma bouche et n'est jamais entré dans mon cœur. Je vais donc séparer le blanc du noir, la lumière de l'obscurité, le brillant iris du nuage sombre qui produit les tempêtes, et distinguer enfin le cratère d'où sont sorties des laves dévorantes, et la source heureuse et pure d'où peuvent découler sur nous le bonheur et la paix. Le Concordat, je pense, et la Charte constitutionnelle, ne doivent être ni confondus ensemble, ni assimilés l'un à l'autre.

Et d'abord, ai-je violé la loi du Concordat? Telle est la question que je me fais à moi-même, en présence de Votre Majesté. Mais avant d'y répondre, il se présente naturellement une autre question préalable à résoudre. La voici : *Est-ce que le Concordat, tel qu'il existe aujourd'hui, est une loi, surtout une loi de l'État?*

Si nous consultons les plus savants publicistes de la France et de l'Europe entière, ils nous apprendront qu'il existe une différence essentielle entre les *traités* et les *lois* : les uns sont l'ouvrage des ministres, des ambassadeurs et des diplomates ; les autres sont l'œuvre du législateur, ou des corps collectifs auxquels la puissance législative est attribuée par la Constitution de l'État. Nous voyons dans les lois l'expression de la volonté générale qui commande à tous, pour le bonheur de tous; et dans les traités, nous ne voyons qu'un contrat passé entre deux puissances étrangères l'une à l'autre, indépendantes l'une de l'autre, et qui, par un acte de leur consentement mutuel, font alliance l'une avec l'autre pour l'avantage de leur commerce, de leur conservation réciproques, ou de quelqu'autre rapport politique que ce soit.

Si nous ouvrons la Charte constitutionnelle, la confirmation de cette vérité s'y trouve clairement exprimée par les articles 14, 15, 16, 17 et 18, qui nous disent que *le Roi fait les traités*, tandis qu'au contraire *toute loi doit être discutée et votée librement par la majorité de chacune des deux chambres.*

Si nous jetons un coup-d'œil sur le Concordat lui-même, son titre seul nous annonce que ce n'est point une loi, mais une convention conclue et signée par trois ministres de la Cour de Rome, H. C. Gonsalvi, J. Spina, F. C. Caselli, et trois ministres républicains français, J. Bonaparte, Cretet et Bernier.

S'il est vrai que le Concordat, en lui faisant la grâce de l'assimiler à une convention conclue entre deux puissances légitimes, suive le sort des traités, et ne puisse point être considéré comme une loi par sa nature, il le peut encore beaucoup moins par son objet et par ses conséquences.

En effet, que dit, que règle, que stipule le Concordat ? Votre Majesté l'a sous les yeux, SIRE ; il dit, il règle, il stipule et porte expressément que cent cinquante évêques canoniquement institués et nommés légitimement par vos augustes prédécesseurs, sont déchus de leurs siéges, et que Votre Majesté est elle-même déchue du trône ; que l'antique et glorieuse monarchie française n'existe plus, et qu'une république, gouvernée par des sujets rebelles, a pris sa place ; que les Bourbons sont à jamais proscrits ; que leur sceptre et tous leurs droits appartiennent à un factieux, établi chef du gouvernement sous le titre de premier consul ; que tous les Français, et particulièrement les ecclésiastiques, sont déliés de leur serment de fidélité au souverain légitime, et qu'un nouveau serment sera prêté par eux entre les mains de l'usurpateur ; qu'ils jureront d'employer tous leurs soins, leur vigilance et leurs efforts, pour empêcher Votre Majesté de remonter sur son trône ; et que, non seulement le nouveau clergé de France, religieusement concordataire et politiquement républicain, fera constamment sentinelle pour qu'aucun parti ne s'élève en votre faveur; mais encore il offrira au ciel ses vœux, son encens, ses prières, pour le maintien de votre destitution, et pour le salut et la conservation de la république française et de ses consuls.

Domine, salvam fac rempublicam:
Domine, salvos fac consules.

Est-il un français loyal, un sujet fidèle de Votre Majesté, Sire, qui puisse et veuille jamais considérer comme loi de l'État, dans votre monarchie, une convention régicide, en quelque sorte, qui stipule, consacre à la fois et proclame l'anéantissement de cette même monarchie? Comment oserais-je nommer LOI, un traité fait sans le Roi, contre le Roi, pour la proscription du Roi, auteur et suprême exécuteur de la loi?

Non, Sire; le Concordat, aux yeux de vos plus fidèles sujets, n'est point une loi du royaume; c'est une convention toute républicaine dans sa forme et ses principes.

Vous régnez, Sire; la république n'existe plus; et avec elle ses lois fondamentales qui ont elles-mêmes le Concordat pour base religieuse, sont abolies; s'il n'en était pas ainsi, si cette convention malheureuse, conclue entre Sa Sainteté Pie VII et le gouvernement de la république française, était une loi réellement légitime et obligatoire pour nous, Français loyaux et fidèles, il s'ensuivrait les plus horribles conséquences, que ma plume veut à peine écrire, dont mon esprit s'épouvante, et que mon cœur abhorre. Alors mon Roi n'est plus mon Roi ; son auguste famille doit quitter le sol d'où le Concordat la proscrit ; ses fidèles compagnons d'exil et d'infortunes doivent la suivre ; les évêques et les prêtres qui obéissent à Louis XVIII, et qui prient pour son salut et sa conservation, sont des parjures ; et moi-même, qui n'ai jamais reconnu, pendant la révolution, d'autre souverain, d'autre maître que Votre Majesté, si je prends aujourd'hui le Concordat pour règle de conduite et pour loi, je puis et dois refuser soumission et obéissance à mon Prince légitime, puisqu'il se trouve détrôné et proscrit par cette prétendue loi.

Daignez, Sire, daignez pardonner l'expression involontaire de ces mots blasphémateurs ; l'esprit et le cœur démentent ici la bouche qui prononce ; et puisse ma langue desséchée, selon l'expression des prophètes, s'attacher à mon palais, plutôt que d'enseigner et de professer jamais ces détestables mensonges !

Enfin, le dirai-je, SIRE? les actes mêmes de Votre Majesté, par rapport au Concordat, prouvent évidemment que le Concordat, à ses yeux, n'est pas une loi du royaume. Votre Majesté a demandé aux évêques légitimes de France, la démission de leurs siéges: donc ces prélats royalistes sont réellement évêques légitimes à vos yeux; donc, au jugement de Votre Majesté, le Concordat qui les a destitués n'est point une loi du royaume.

Votre Majesté, conformément aux articles 4 et 5 du Concordat, n'a pas nommé, ne nomme point aux évêchés vacants, et refuse de remplir ce point essentiel du Concordat: donc, au jugement de Votre Majesté, le Concordat n'est point une loi du royaume.

Votre Majesté n'a ni demandé, ni reçu des évêques concordataires le serment de fidélité qu'ils doivent au chef suprême de l'État; ce 6e. article du Concordat reste sans force et sans exécution de la part de Votre Majesté: donc, au jugement de Votre Majesté, le Concordat n'est point une loi du royaume.

Votre Majesté exerce et réclame ses droits et priviléges auprès du Saint-Siége, non en vertu de l'article 16 du Concordat, mais comme fils aîné de l'Église et souverain légitime de la

France : donc, au jugement de Votre Majesté, le Concordat n'est point une loi du royaume.

Votre Majesté, dans la Charte constitutionnelle, article 6, déclare et proclame que *la religion catholique, apostolique et romaine, est la religion de l'État*, tandis que le Concordat, dans son article 1er., et au nom de l'usurpateur, ne fait de cette religion protectrice de la France, qu'une religion tolérée : donc, au jugement de Votre Majesté, le Concordat n'est point une loi du royaume.

Votre Majesté n'ignore pas que l'article 8 du Concordat, impose au clergé concordataire le devoir de réciter, à la fin de l'office divin, cette oraison déloyale et parjure :

Domine salvos fac Consules :

Et cependant notre antique et pieuse oraison, que l'Esprit-Saint a mise dans nos bouches, et que l'amour a gravée dans nos cœurs ; cette oraison du Roi-Prophète,

Domine salvum fac Regem,

retentit sous les voûtes sacrées de nos temples, et dément et viole tout à la fois, en présence de Votre Majesté, le Concordat qui, certes, n'a demandé au ciel ni le salut, ni le retour, ni la conservation de Votre Majesté : donc, au jugement de Votre Majesté, le Concordat n'est point une loi du royaume.

Le souverain pontife a l'inconcevable prétention d'avoir produit, par son Concordat avec Buonaparte, une interruption légitime dans le règne de nos rois ; et cependant Votre Majesté, inflexible conservatrice des droits et de la dignité de son trône, date ses lois comme nous les datons dans nos cœurs, de la vingt-deuxième année de son règne, sans admettre le prétendu interrègne du Concordat : donc, au jugement de Votre Majesté, le Concordat n'est point une loi du royaume.

Quoique le souverain pontife, Pie VII, prétende avoir anéanti, par le Concordat, les diocèses de Reims, de Langres, de Châlons, et destitué de leurs siéges les prélats qui les gouvernaient; Votre Majesté cependant reconnaît encore l'existence et la légitimité de leurs titres; et malgré le Concordat, dans la liste des pairs, le 4 de juin 1814, elle nomme et désigne expressément Mgr. l'archevêque duc de Reims, Mgr. l'évêque duc de Langres, et Mgr. l'évêque comte de Châlons : donc, au jugement de Votre Majesté, le Concordat n'est point une loi du royaume.

Enfin Votre Majesté, au commencement de cette année, non pas en vertu du Concordat, mais expressément et spécialement en vertu de son droit de régale, aboli par le Concordat, a daigné conférer à M. Desaubat, curé des Blanc-Manteaux de Paris, le titre d'un canonicat dans l'église cathédrale et métropolitaine de sa capitale : donc, au jugement de Votre Majesté, le Concordat n'est point une loi du royaume.

Il est donc injuste et contraire aux formes et aux principes de la jurisprudence de votre royaume, Sire, de fonder sur le Concordat l'accusation qui m'appelle devant les tribunaux de Votre Majesté. L'article XIII de cette convention républicaine, isolé de la Charte constitutionnelle, et considéré séparément, soit aujourd'hui, soit à l'époque de sa rédaction, n'est certainement pas plus exempt de nullité que tous les autres. Quarante évêques légitimes de France, conservateurs du trésor de la foi et de la morale évangélique, nous l'enseignent dans leurs protestations canoniques, pages 178 et 182 : « Nous avons parlé jusqu'ici, » disent-ils, du tort que l'article 13 de la Con- » vention du 15 juillet 1801 a fait et fera en- » core dans la suite à la religion, si Dieu ne « détourne ce malheur...... Obligés par no- » tre ministère de conserver dans toute son in- » tégrité le dépôt, non seulement de la foi, mais » aussi de la morale évangélique, sur laquelle

» tout l'ordre social repose, comme sur la base » la plus solide, nous ne pouvons nous empê-» cher d'élever la voix pour réclamer contre » une aussi pernicieuse altération des princi-» pes de la justice. » Votre Majesté nous l'apprend elle-même, SIRE ; puisque, le 6 du mois de juin 1804, trois ans après la confection, la proclamation et l'exécution de cet article et du traité qui le renferme, Votre Majesté a dit aux Français : « *En prenant le titre d'empereur,* » *Buonaparte vient de mettre le sceau à son* » *usurpation. Ce nouvel acte d'une révolution* » *où* TOUT, *dès l'origine*, *a été* NUL, *ne peut* » *sans doute infirmer nos droits*..... *Après* » *avoir, au besoin, renouvelé nos protesta-* » *tions contre tous les* ACTES ILLÉGAUX *qui,* » *depuis l'ouverture des états-généraux de* » *France, ont amené la crise effrayante dans* » *laquelle se trouvent et la France et l'Euro-* » *pe, je déclare, etc..... Je proteste, etc.....* » D'où il suit évidemment que Votre Majesté nous a fait un devoir de considérer, comme ILLÉGALE et NULLE, la convention passée entre Buonaparte et N. S. P. le pape, Pie VII, sous le nom de *Concordat;* et conséquemment l'article 13, qui s'y trouve est également ILLEGAL et NUL.

Quel est celui de vos loyaux sujets, en effet, quel est le prêtre ou l'évêque royaliste et fidèle aux libertés de l'Eglise gallicane, qui ose et puisse attribuer au pape le droit de disposer de toutes les propriétés ecclésiastiques de la France, contre l'avis et sans l'autorisation de ses évêques légitimes et de son légitime souverain? N'êtes-vous pas, SIRE, le protecteur né de l'Eglise gallicane, et son maître temporel, et son Roi? De quel droit le souverain pontife et la cour de Rome, qui ne peuvent et ne doivent exercer en France qu'une puissance spirituelle, viennent-ils nous dire, en traitant avec l'usurpateur de votre trône, qu'ils ne *troubleront en aucune manière les acquéreurs de biens ecclésiastiques aliénés, et qu'en conséquence la propriété de ces mêmes biens, les droits et revenus y attachés, demeureront incommutables entre leurs mains, ou celles de leurs ayant-cause?* Cette déclaration peut convenir à un souverain législateur dans ses états; elle peut convenir à Votre Majesté, qui seule, armée de son autorité suprême et environnée du clergé de son royaume, peut imprimer à des biens, à des droits, à des revenus nouveaux, une incommutabilité solide et légale; mais de toute autre part, SIRE, et surtout faite conjointement avec un usurpateur, cette déclaration étrange est un véritable attentat aux droits de votre couronne; à ces droits sacrés que Votre Majesté a si authentiquement réclamés, a si noblement défendus en 1804, « *lorsqu'au sein de la » Baltique, en face et sous la protection du » Ciel....., elle a dit : Français, nous le ju- » rons ; jamais nous ne transigerons sur l'hé- » ritage de nos pères : jamais nous n'aban- » donnerons nos droits.* » (Déclar. du Roi, 2 décembre 1804.)

En expliquant, comme je l'ai fait dans mon ouvrage, le 13e. article du Concordat, je n'ai donc point attaqué, je n'ai point violé la loi du royaume ; j'ai défendu vos droits, SIRE ; j'ai parlé successivement d'après les principes fondamentaux et sacrés de la religion et de la monarchie, et d'après la doctrine de vos proclamations royales ; j'ai dit qu'il manquait au Concordat, fait sans le Roi et contre le Roi, le sceau de la légitimité souveraine ; et j'ai considéré, comme nul et invalide, ce que Votre Majesté elle-même a solennellement appelé ILLÉGAL et NUL.

3o. Je suis accusé *de m'élever, dans mon ouvrage, contre l'art.* 9 *de la Charte constitutionnelle du* 4 *juin* 1814.

Ici l'accusation, portée contre un de vos plus fidèles sujets, SIRE, prend un caractère plus grave. Je l'ai entendue sans frayeur, parce que je suis sans reproche ; mais plus elle est odieuse et publique, plus il faut ajouter de poids et d'authenticité à ma défense et à ma justification. Français, toujours loyal, toujours dévoué à mon souverain légitime depuis vingt-cinq années, on me nomme aujourd'hui séditieux et rebelle aux lois de mon légitime souverain! Faut-il donc qu'une loyauté vieillie dans l'exil, dans les fers, dans les persécutions, et, selon l'expression du grand Apôtre, parmi les espions et les faux frères, périsse et tombe sous les coups d'une loyauté plus jeune et plus heureuse? Sire, le royalisme accusé ne sera point confondu; et je vais repousser victorieusement les attaques que l'on porte à ma fidélité, majeure par son âge, et vierge par sa constance immaculée.

L'article 9 de la Charte constitutionnelle, d'après lequel on m'accuse, porte:

Toutes les propriétés sont inviolables, sans aucune exception de celles qu'on appelle nationales, la loi ne mettant aucune différence entre elles.

Sire, ce n'est point ici le lieu d'examiner ce que signifient les différentes expressions de ces placards qu'on voit affichés dans les carrefours par l'autorité des magistrats, et qui annoncent la vente des propriétés de vos sujets; ici, nous lisons: Domaine national a vendre.

— Là, DOMAINE PATRIMONIAL A VENDRE. — Ces dénominations diverses ne sont-elles qu'une distinction oiseuse et puérile? ont-elles quelque influence sur l'esprit des vendeurs et des acheteurs; sur la qualité des biens, sur la quotité du prix, sur le mode des paiements et des sécurités, etc.? C'est ce qu'il m'importe peu de savoir; mais il m'importe grandement de prouver à Votre Majesté que, si j'ai considéré comme illégales, invalides et nulles les dispositions du Concordat, relativement aux biens dits nationaux, j'ai pensé, j'ai parlé tout autrement de la Charte constitutionnelle et de ses dispositions sur le même objet; j'ai répété, j'ai développé l'article 9 de cette même Charte; j'ai mis sous les yeux des nouveaux propriétaires l'esprit et la lettre des dispositions qu'il renferme; et j'ai dit à la page 92, ligne 12e. de mon ouvrage :

« Il est plus que jamais nécessaire d'annon- « cer aux fidèles abusés (*c'est-à-dire aux nou-* » *veaux propriétaires qui pourraient douter* » *de la validité légale de leur possession*), » que la PROPRIÉTÉ LÉGALE et L'IMPERTURBA- » BLE POSSESSION des biens dits nationaux, leur » est assurée par la voix du législateur (*c'est-* » *à-dire du souverain légitime*), et la force » impérieuse des lois; que les tribunaux, en

» tout temps, leur en garantiront la JOUISSANCE » PAISIBLE, et en proclameront la LÉGITIMITÉ; » que les anciens propriétaires ne veulent, ne » peuvent en faire aucune RÉCLAMATION JURI- » DIQUE; et qu'enfin, déclarations, arrêts, dé- » crets, sentences, CHARTE CONSTITUTIONNELLE, » serments solennels, force militaire et civile, » et tout ce qu'il y a de puissant sur la terre, » les met à l'abri des DANGERS et des CRAINTES » de la restitution. »

Est-ce donc là violer, attaquer la Charte constitutionnelle, dans ses dispositions relatives aux propriétés dites nationales? ou plutôt n'est-ce pas lui rendre un hommage glorieux et solennel? N'est-ce pas expliquer, confirmer, corroborer, par tous les moyens que fournissent la soumission, l'éloquence et la fidélité, ce même article 9, au nom duquel je suis accusé? Loin de semer des alarmes et de susciter des doutes dans l'esprit des nouveaux propriétaires, la Charte elle-même est dans mes mains une égide sous laquelle je les mets à l'abri des *dangers* et des *craintes*; et plus tranquillisant, en quelque sorte, plus expressif que cet acte politique émané de l'autorité souveraine, j'ajoute à l'INVIOLABILITÉ, qui leur est attribuée, le caractère d'une LÉGITIMITÉ LÉGALE et JURIDIQUE.

Il est donc évidemment prouvé, Sire, que la Charte n'est point attaquée dans mon ouvrage, mais au contraire corroborée dans l'article même qui sert de texte à l'accusation ; et qu'en parlant aux possesseurs actuels des biens nationaux, j'ai fait de la parole constitutionnelle du monarque, un mur d'airain, pour ainsi dire, et des fortifications juridiquement inexpugnables, dont j'environne et protége leurs nouvelles propriétés.

4°. Je suis accusé d'avoir, dans mon ouvrage, *qualifié de voleurs*, *de spoliateurs sacriléges*, *de transgresseurs de toutes les lois divines*, *et d'y menacer de la damnation éternelle les laïcs détenteurs des domaines provenants du clergé*, *aliénés depuis* 1791. — Et le magistrat qui m'accuse, en parlant au nom de Votre Majesté, désigne, comme source et preuve de ces délits, les pages 49, 73, 85, 92, 93, 94, 95, 102 et 123 *de mon ouvrage*.

Avant de parcourir ces prétendues pages criminelles ; avant de les mettre successivement sous les yeux de Votre Majesté, je la supplie d'observer que ces appellations directement accusatrices, ces espèces de personnalités insultantes, *des voleurs*, *des spoliateurs*, *des transgresseurs de toutes les lois divines*, et ces mots si terribles pour un chrétien, *dam-*

nation éternelle, ne se trouvent pas dans les pages précitées : les *laïcs*, quoi qu'en dise l'accusation, ne sont point spécialement désignés, et ce mot là même ne s'y trouve point. Sire, dans quelle erreur n'étais-je pas ? je croyais que les magistrats, en exerçant au nom de Votre Majesté, près des tribunaux, le pénible ministère d'accuser leurs concitoyens ; en appelant la vengeance des lois sur un Français royaliste, sur un ministre des autels, et sur son ouvrage théologique, ne se permettaient point de transformer des expressions abstraites et génériques, en qualifications personnelles ; qu'ils se faisaient un devoir de donner à leurs citations textuelles et accusatrices, toute l'exactitude et la stricte impartialité qu'ils donnent à leurs jugements ; et qu'ils craignaient toujours d'accroître le délit et d'en changer la nature aux yeux des juges, en changeant la nature des mots.

Page 49.

Discipie, et pour ainsi dire écho fidèle de Mgr. l'évêque de Saint-Pol de Léon, j'ai parlé des ecclésiastiques qui n'ont jamais prêté ni le premier serment constitutionnel, ni le serment de haine à la royauté, ni le serment au directoire, ni le serment à la république, ni le serment au premier consul Buonaparte, ni le ser-

ment à Buonaparte empereur ; et j'ai dit : « Ils
» n'ont point juré de maintenir le schisme et
» l'hérésie de 1790, ni le pillage et les vols sa-
» crilèges de 1791, ni le Concordat et les lois
» organiques de 1802, ni le divorce et le ca-
» téchisme Napoléon de 1803. »

Sire, il est essentiel pour le triomphe de ma cause et pour l'exacte connaissance de la vérité, que Votre Majesté daigne observer ici que dans les pages précitées, toutes les fois qu'il est question des actes, et des événements, et des lois révolutionnaires, je parle toujours de leur vice originel, dans le passé ; mes assertions sont en quelque sorte rétrogrades, et font abstraction de l'influence que peut avoir exercé postérieurement sur eux la puissance légitime.

En partant de ce principe que j'ai constamment suivi dans la composition de mon ouvrage, est-il dans votre royaume, Sire, un seul homme juste, raisonnable et chrétien, qui ose dire que la manière dont les églises et toutes les communautés de France, en 1791, ont été dépouillées de leurs ornements, de leurs tableaux, de leurs vases sacrés, de leurs cloches, de leurs bibliothèques, de leur mobilier, de tous leurs objets précieux, n'était pas un pillage sacrilège? Il suffit d'avoir été contemporain de ces événements révolutionnaires, et par conséquent il-

légitimes, pour leur donner ce nom ; c'est ainsi que les ont appelés et que les appellent encore, en se reportant à cette époque affreuse, tous les Français catholiques et fidèles. C'est ainsi que les ont appelés, au 15 avril 1804, les évêques légitimes de France, lorsqu'en défendant les droits de Votre Majesté et ceux de leurs églises, ils disent expressément, dans leurs réclamations et protestations contre le Concordat, pages 165 et 166, « Qu'aussitôt que le projet de dé-
» pouiller l'Eglise, eut été revêtu d'une appa-
» rence de loi, on vit envahir aussitôt tout ce
» qui avait été consacré à Dieu durant une
» longue suite de siècles ; l'usurper, s'en em-
» parer et en disposer de la manière la plus
» arbitraire, avec une entière indépendance,
» et sans connaître, à cet égard, d'autre règle
» que leur volonté. » Votre Majesté, sur le même sujet, s'exprime de même ; car nous lisons, dans la proclamation qu'elle publia lors de son avènement au trône, datée de Vérone, 1795 : « L'impiété et la révolte ont causé tous
» vos tourments....... Aussitôt que la cons-
» titution monarchique a été renversée, pro-
» priété, sûreté, liberté, tout a disparu avec
» elle ; vos biens sont devenus la pâture des
» brigands, à l'instant où le trône est devenu
» la proie des usurpateurs. »

J'ai donc pu, Sire, sans être séditieux ni rebelle, nommer *vol* et *pillage* ce que Votre Majesté appelle la *pâture des brigands*.

Page 73.

« Et moi (Buonaparte), je vous dis par la » voix de mes ministres, et par une autre plus » imposante encore, celle d'un cardinal de la » sainte Église romaine; *non seulement vous* » *retiendrez le bien que vous avez usurpé et* » *volé, non seulement vous ne rendrez point* » *à César ce qui appartenait à César* » (c'est-à-dire, à Louis XVIII ce qui apartient à Louis XVIII); *ni à l'Église ce qui appartenait à l'Église, ni à Dieu ce qui appartenait à Dieu; mais encore la morale évangélique, la conscience, les remords, les arrêts même du tribunal de la pénitence, où préside invisiblement la majesté divine, tout pliera sous mes ordonnances, et n'aura d'autre règle que ma volonté.*

Quel est donc l'esprit et le but de cette phrase? N'est-ce pas évidemment d'offrir l'odieux tableau de la tyrannie que Buonaparte voulait exercer sur les actions et sur la conscience même des Français, par tous les moyens qui étaient en son pouvoir? Y a-t-il ici quelque chose de séditieux et de contraire à l'inviolabilité des biens dits nationaux, promise par la

Charte, lorsque c'est l'usurpateur qui parle, dans mon écrit, douze ans avant que la Charte fût promulguée? Non, sans doute, nul esprit impartial ne peut le croire : et c'est évidemment l'impie et gigantesque autorité de Buonaparte que j'attaque, et non la puissance légitime et souveraine de Louis XVIII.

Page 85.

« En effet, ils ont été portés à la foi et à la » discipline de l'Église, ces coups terribles, » par la main même de notre très Saint-Père » le pape Pie VII, ... en abandonnant, » contre les dispositions du saint concile de » Trente, de l'Évangile et des commande» ments de Dieu, la possession des propriétés » de l'Église et des biens d'autrui entre les » mains des injustes et sacriléges usurpateurs. »

Daignez, Sire, observer soigneusement que ce n'est pas moi qui parle, mais nos évêques légitimes que j'ai copiés, et qui disent avec un saint archevêque (pag. 157) : « Celui qui » ravit les deniers de son prochain commet une » injustice; mais celui qui enlève les deniers » de l'Eglise, commet un sacrilège..... Il est » visible que l'article 13 de cette convention, » que Votre Sainteté s'est déterminée à con» firmer, dans la vue de procurer l'heureux ré-

» tablissement de la religion catholique en » France, y a porté, au contraire, à cette re- » ligion sainte, le plus grand préjudice, et » même un coup mortel, si le présent ordre de » chose subsiste (pag. 165).

Daignez, SIRE, observer encore qu'il s'agit toujours de l'époque où votre puissance légitime n'avait pas encore parlé; où le pape s'attribuait en France une autorité sans limites; où il violait les libertés de l'Eglise gallicane et vos droits souverains, et ceux de nos évêques légitimes; où il transigeait, enfin, avec l'usurpateur, sans leur consentement et sans le vôtre, sur des biens que Votre Majesté avait appelés elle-même *la pâture des brigands*. Ainsi, refuser au pape le droit de légitimer, en France, ce *brigandage*, suivant l'expression de Votre Majesté, ce n'est point attaquer la Charte, ce n'est point provoquer la violation des propriétés dites nationales; mais, au contraire, c'est venger votre puissance usurpée, et la mettre à couvert, pour l'avenir, des prétentions exagérées de la cour de Rome sur le trône et sur le territoire de nos Rois.

Pages 92 *et* 93.

« Il est plus que jamais nécessaire d'annon- » cer aux fidèles abusés, que la propriété lé-

» gale et l'imperturbable possession des biens,
» dits nationaux, leur est assurée par la voix
» du législateur et la force impérieuse des lois;
» que les tribunaux en tout temps leur en
» garantiront la jouissance paisible, et en pro-
» clameront la légitimité; que les anciens pro-
» priétaires ne veulent, ne peuvent en faire
» aucune réclamation juridique; et qu'enfin
» déclarations, arrêts, décrets, sentences,
» Charte constitutionnelle, serments solennels,
» force militaire et civile, et tout ce qu'il y
» a de puissant sur la terre, les met à l'abri
» des dangers et des craintes de la restitu-
» tion. »

Armé de la doctrine de l'Eglise, des principes de nos évêques et de l'autorité des saints canons, j'ai sans cesse combattu pour l'autel et pour le trône, Sire; et après avoir repoussé les prétentions exagérées et l'exercice arbitraire de la puissance des papes sur l'Église gallicane, sur le temporel et la couronne de nos Rois, sur l'aliénation de nos propriétés dites nationales; après avoir, en marchant sur les pas de quarante évêques légitimes de France qui ont protesté contre le Concordat, prouvé clairement à Votre Majesté que N. T. S. P. le pape Pie VII, ni son légat *à latere*, le cardinal Caprara, ni leur autorité combinée avec celle de l'usurpateur, n'ont jamais pu imprimer à ces dites propriétés le caractère d'une légitimité légale, j'ai cru devoir rendre un hommage authentique à la puissance du Souverain légitime. J'ai dit qu'à sa voix des biens viciés dans leur acquisition primordiale, disputables et disputés jusqu'alors devant les tribunaux, s'étaient tout à coup revêtus d'une inviolabilité juridique; et que la volonté toute puissante du législateur couvrait les propriétaires de son égide, et les mettait à l'abri du danger et des craintes de l'expropriation et d'une restitution forcée. Je leur ai dit, avec nos guides dans la foi : (Réclam., pag. 195-196) « Il est vrai que les lois du gouvernement prononcent que la possession irrévocable en est acquise à vous et à vos ayants-cause; et, en retenant cette possession, vous n'avez maintenant rien à craindre de la justice humaine. » Par ce langage emprunté de la loi, j'ai satisfait à la loi; j'ai voulu et j'ai dû rassurer ceux qui aiment à l'être sur ce point par la loi; j'ai payé mon tribut d'obéissance à l'autorité suprême et temporelle; enfin je leur ai parlé comme jurisconsulte, comme magistrat, comme citoyen. Mais si j'ai satisfait aux devoirs d'un sujet loyal et soumis; si j'ai, Français fidèle au précepte de l'Evangile, rendu à César ce qui appartient à César; j'ai dû, ministre des autels et prêtre de la religion de l'Etat, de la vôtre, SIRE, et de celle de vos augustes ancêtres, rendre à Dieu ce qui appartient à Dieu; et j'ai dit à mes frères en J.-C., aux ames pieuses qui, peut-être, ne se contentent pas de cette irrévocabilité promise: « Il » est une autre puissance dans le ciel qui pèse » les justices, juge les jugements même des » rois, et ne sanctionne pas toujours les réso» lutions et les vues profondes de la politique » des cours et de la sagesse des législateurs. » Nos consciences sont le siége de son tribu» nal, qui ne voit rien de beau que le *vrai*; » rien de bon que la *vertu*; rien de bien, d'a» vantageux, de sage ou de licite que le *juste*. » Ce redoutable tribunal, dont les jugements » ne reçoivent leur entière exécution qu'au» delà du fleuve de la vie, prononcera peut» être sur ce point une sentence contraire à » celle des tribunaux humains. C'est du moins » ce que le décalogue nous prédit, ce que » l'Evangile nous annonce, ce que le saint » concile de Trente nous déclare. (SS. 22. c. » 11.) Et nous devons d'autant moins en dou» ter que la justice, comme un diamant pré» cieux, est essentiellement infusible, immal» léable, incorruptible, et, par sa nature même,

» incapable de recevoir les modifications tor-
» tueuses que l'intérêt, la politique ou la pré-
» tendue sagesse des hommes s'efforcent de lui
» donner ; il est donc à croire, il est donc à
» craindre qu'elle ne voudra, qu'elle ne pourra
» céder, en-deçà ou au-delà du tombeau, à la
» *déclaration officielle d'un légat*, ni même
» à la *promesse extorquée d'un souverain*
» *pontife.* »

Sire, les dernières expressions de ce paragraphe sont, en quelque sorte, le complément de ma justification ; elles prouvent évidemment à Votre Majesté que les raisonnements, les principes et les conséquences de mon écrit sont constamment dirigés contre les illégales et invalides décisions du cardinal Caprara, et contre l'exercice de cette suprématie spirituelle et temporelle que N. T. S. P. le pape Pie VII a prétendu exercer sur la France, lorsqu'il a disposé, à son gré, en faveur de Buonaparte, de l'Eglise gallicane toute entière, et de la couronne de nos rois.

A Dieu ne plaise, cependant, que Votre Majesté se persuade qu'en appelant son attention particulière sur la loyauté de ces expressions, je veuille passer sous silence et lui faire oublier celles qui les précèdent, et qui forment un appel à la conscience des chrétiens catholiques ! *Cet appel aux consciences*, autant que je puis comprendre le langage de mes accusateurs, est comme la partie radicale et le centre du délit, où viennent se rattacher tous les fils d'accusation qu'on a studieusement multipliés ; mais je les romprai d'autant plus facilement, Sire, que, prêtre de J.-C. et prédicateur de son Evangile, je vais parler au descendant de S. Louis, au fils aîné de l'Eglise, et au protecteur né de l'Eglise gallicane : il connaît, il respecte les droits et les devoirs du sacerdoce, et les dogmes et la morale de notre religion divine; tout concourt à me rassurer; mon Souverain légitime est remonté sur son trône; toute justice émane de lui : c'est le Roi très chrétien, et déjà je triomphe et suis justifié.

Il fut un temps, Sire, et il n'a jamais existé qu'un peuple et qu'un état politique où le législateur ait eu le droit de régir et de gouverner tout à la fois les actes intérieurs et extérieurs de ses sujets, leurs sentiments et leur volonté, leur conduite et leur conscience : c'est le peuple hébreux, sous la théocratie. Mais aussitôt que les gouvernements monarchiques, œuvres de Dieu, sans doute, et vivantes images de la paternité, se sont établis ; aussitôt que le sceptre de ce monde n'a plus été le même qui règne et commande dans l'autre, l'homme, composé de deux substances, s'est partagé, pour ainsi dire, en deux domaines; et, soumis dès lors à deux législations distinctes, il a connu deux obéissances, celle de l'ame et celle du corps. La volonté réelle ou apparente des citoyens dans un état, leurs services corporels et leurs actions civiles et politiques, sont l'apanage des lois humaines; que le législateur et le ministre de ses volontés s'en emparent et les gouvernent; mais qu'ils agissent en Césars équitables! Qu'ils se bornent à la jouissance des droits qui appartiennent à César, et laissent à Dieu ceux qui appartiennent à Dieu! Qu'ils songent que l'ame est l'image du Créateur! que le Créateur veut régner sur son image; et que la conscience des hommes, dans les états catholiques surtout, est un territoire irrévocablement dévolu aux prêtres de Jésus-Christ et aux ministres de sa loi.

Ces axiomes éternels de législation, vous les avez reconnus, SIRE; vous les avez proclamés, lorsqu'en montant sur le trône, Votre Majesté a statué, dans le 6e. article de son acte constitutionnel: « La religion catholique, apostolique et » romaine, est la religion de l'Etat. » V. M. par ces paroles, a dit à ses sujets catholiques: *Je vais par moi-même, ou par les ministres de mes lois, gouverner vos actions pour le bonheur de ce monde; et, quant au bonheur de l'autre, j'abandonne votre ame et vos consciences au gouvernement des prêtres catholiques et des ministres de la religion de l'État.* Ainsi le dogme et la morale de cette religion sainte, qui a conquis Clovis, sont revêtus de la sanction des lois; ses autels ont la loi pour base; et ses ministres, en enseignant sa doctrine, non seulement sont irrépréhensibles, mais encore ils doivent être protégés par les lois.

Sire, qu'ai-je donc fait de criminel aux yeux de vos magistrats? J'ai tranquillisé juridiquement mes concitoyens sur leurs possessions, et les ai mises sous la protection des lois civiles : par-là j'ai acquitté, envers la législation de l'État, les devoirs d'un citoyen obéissant et paisible; mais le devoir non moins strict et plus sacré de prêtre et ministre de la religion de l'Etat, m'a forcé d'en rappeler la doctrine saine et pure à mes concitoyens catholiques. J'ai exercé les fonctions religieuses de mon ministère sur le territoire que vous m'avez assigné vous-même : la conscience; et en y portant, parmi les écueils pour l'autre vie, la lumière évangélique et le flambeau de la foi, comme on allume des fanaux sur une côte périlleuse, j'ai obéi à Votre Majesté, Sire, et à la majesté du Dieu vivant qui nous a dit : « Allez donc, instruisez toutes les nations, et apprenez-leur à exécuter mes commandements.... Ne cachez point sous le boisseau la lumière de l'Évangile, etc.... et révélez au grand jour, et publiez sous les toits la doctrine que je vous enseigne en particulier. ». (*Math.* X.)

J'ai de même obéi aux vœux, et j'ose dire aux ordres de quarante évêques légitimes de votre royaume, Sire, puisqu'en effet, pour nous, leurs décisions sont des lois. Si, par l'appel que je fais aux consciences, on m'accuse de troubler l'ordre social et la tranquillité publique, ce n'est pas moi, c'est ce corps vénérable qui doit répondre et me justifier en se justifiant lui-même. Son illustre chef, octogénaire, qui occupe la première place religieuse auprès de Votre Majesté, va porter la parole ; c'est le prophète en présence du roi David, et lisant à la 196e. page de leur ouvrage commun, de cet immortel monument de doctrine qu'ils nous ont laissé ; il vous dira, Sire : « Qui ne voit, au contraire, qu'un ministre » des autels qui donne ces avis et engage à » les suivre, fait servir la religion au maintien » de la tranquillité publique et aux intérêts de » l'ordre social, puisque la tranquillité pu-

» blique ne peut jamais être mieux assurée, ni
» l'ordre social plus florissant, que quand le
» règne de la justice est solidement établi.

» Que le Seigneur infiniment grand et in-
» finiment bon, fasse donc qu'aucun ecclésias-
» tique ne se conduise d'après cette décision!
» Mais que tous, au contraire, aient grand
» soin d'éviter le dangereux écueil qu'indi-
» quent si clairement ces mémorables paroles
» de Saint Augustin et de Saint Isidore de
» Séville : *Je ne crains point de le dire : celui*
» *qui, sous prétexte de servir un autre, s'en-*
» *tremet pour empêcher de restituer ce qui a*
» *été injustement ravi*, et qui, *lorsqu'on a*
» *recours à lui, ne met pas en œuvre tous les*
» *moyens honnêtes qui sont en son pouvoir*
» *pour déterminer à la restitution, est com-*
» *plice de la fraude et du crime. On rendrait*
» *un bien plus grand service en refusant son*
» *aide, qu'en en donnant une pareille : car*
» *ce n'est point porter secours, c'est plutôt op-*
» *primer et détruire, que d'aider à pécher.*

» *Parmi ceux qui sont chargés de l'admi-*
» *nistration des églises, il s'en trouve beau-*
» *coup qui, de peur de perdre l'amitié des*
» *séculiers, et dans la crainte d'éprouver des*
» *désagréments qu'attirent les haines, ne*
» *font point aux pécheurs de salutaires ré-*

» *primandes, et n'osent pas reprendre ceux*
» *qui oppriment les pauvres; et ils ne redou-*
» *tent point la sévérité du compte qu'ils au-*
» *ront à rendre.* (S. Aug. ad Mac., S. Isid. Lib. III.)

Elle n'est mienne, SIRE, que par soumission, par adoption, la morale que j'ai publiée : si Votre Majesté, ou les magistrats de Votre Majesté la jugent coupable, cette doctrine sainte, punissez moi, SIRE, pour les savants prélats qui l'ont établie; pour ceux qui ne la soutiennent point après l'avoir enseignée; pour les présents, pour les absents, pour les vivants et pour les morts qui revivent dans le sein de Dieu; car le ciel même renferme le plus grand nombre de mes complices.

Pages 94 *et* 95.

« Il est plus que jamais nécessaire de dire
» aux possesseurs actuels des legs et des dona-
» tions faites à l'Église, à la charge de prières,
» de services spirituels et divins : si muettes
» devant la loi menaçante et souveraine, les
» réclamations des anciens propriétaires vi-
» vants ne se font point entendre, il est d'au-
» tres réclamations écrites au fond des tom-
» beaux, sur le front des morts; lisez les, ou
» plutôt écoutez les cris plaintifs des membres

» de l'Église souffrante, des ombres de nos an-
» cêtres, de ces ames qui, si l'Évangile n'est
» pas une imposture, la foi catholique une er-
» reur, le symbole des apôtres un mensonge,
» languissent dans cet affreux séjour de peines
» expiatoires, redoutable creuset des justes,
» que la main de Dieu même a suspendu entre
» le ciel et l'enfer, à la porte de l'Éternité. *Ren-*
» *dez-nous, disent elles, rendez-nous les dons*
» *faits au Seigneur, nos deniers sacrés, la*
» *subsistance des saints, la chose de Dieu que*
» *nous avons offerte à son Église en échange*
» *de ses secours spirituels : c'est en quelque*
» *sorte la rançon de nos souffrances dans ces*
» *horribles lieux : de quel droit, chrétiens*
» *barbares, de quel droit vos mains cupides*
» *et sacriléges, retiennent-elles le prix de no-*
» *tre délivrance et la rédemption de la cap-*
» *tivité des morts? Songez que ce qu'on donne*
» *à Dieu, n'appartient point aux hommes,*
» *et que notre pacte avec le ciel ne peut être*
» *légitimement rompu par aucune puissance*
» *de la terre. Nos biens, ou le prix spirituel*
» *de nos biens, voilà ce que nous demandons:*
» *voilà ce que la justice divine réclamera*
» *pour nous au jour du jugement; songez y,*
» *et, s'il existe encore dans vos cœurs chré-*
» *tiens la moindre étincelle d'une charité*

» *compatissante et sensible aux maux de l'É-*
» *glise souffrante de Jésus-Christ, n'oubliez*
» *pas qu'enrichis par nos fondations usur-*
» *pées, chaque moment de jouissance et de*
» *plaisir que vous tirez de nos dépouilles,*
» *nous coûte peut-être plus de mille années*
» *de supplices et de tourments affreux.* »

SIRE, j'arrive enfin à la partie la plus auguste et la plus pieuse de ma défense. Il ne s'agit point du sort de ces pasteurs titulaires, et maintenant sans titre, sans oblation, sans troupeaux, sans autel et sans pain; et qui, nouveaux Lazares, vivent des miettes ramassées à la porte des nouveaux riches : il ne s'agit pas non plus des intérêts temporels de nos généreux compagnons d'exil; de ces chevaliers loyaux que la France a vu sortir pleins d'opulence et rentrer ensuite indigents; de ces familles nobles et nombreuses que l'honneur et la fortune comblaient autrefois de leurs plus beaux dons, et qu'aujourd'hui la misère accable de ses plus grands maux. Tous, ou presque tous, en rentrant sur le champ de bataille semé de leurs dépouilles, à l'exemple de votre auguste aïeul à Pavie, ont cherché leurs consolations en eux-mêmes, et se sont écriés avec lui : TOUT EST PERDU, FORS L'HONNEUR. Mais il s'agit des intérêts spirituels des morts qui, du milieu de leurs supplices affreux, réclament à hauts cris la justice des vivants.

Sous le règne de cet insatiable usurpateur, qui, dans son ambition plus grande que le monde, accablait de sa tyrannie le ciel et la terre, et les vivants et les morts, s'avancer et parler en faveur du purgatoire, c'eût été marcher à l'échafaud. Sous cet homme, en effet, qui mettait en réquisition les autels et les trônes; qui conscrivait à la fois les prêtres et les pontifes; qui se jouait des serments et trafiquait des cultes; sous ce monstre, dis-je, la religion catholique n'était tolérée que pour être humiliée, dénaturée et bientôt anéantie; il ne l'avait jurée que pour la violer, et ne l'avait embrassée que pour l'étouffer plus sûrement. Il vit encore; mais son règne n'est plus. Ce Néron moderne a fait place à un nouveau Constantin. Votre Majesté, qui a proclamé comme religion de l'Etat la religion catholique, apostolique et romaine, et qui a juré de la maintenir, ne se repentira pas de son serment: *Juravit Dominus et non penitebit eum;* et le Fils aîné de l'Eglise permettra sans doute aux prêtres et aux pontifes de l'Église, l'enseignement pur et libre du dogme et de la morale qu'a laissé Jésus-Christ à son Eglise. Pourquoi ne pourrai-je donc pas, sans crime et sans crainte, au pied du trône de Votre Majesté, Sire, plaider contre l'insensibilité des vivants, la cause des morts qui souffrent, et qui ont des droits sacrés au soulagement qu'on leur dénie ?

Devant un peuple, un monarque et des magistrats athées, déistes ou philosophes révolutionnaires, il serait impardonnable et ridicule de parler du ciel et de l'enfer; et la prononciation même du nom de Dieu serait un crime, comme l'était naguère celui du Roi. Mais devant un peuple, un monarque et des magistrats qui croient aux dogmes du purgatoire, est-ce un crime, en effet, de demander aux possesseurs des droits de l'Eglise l'exécution des engagements de l'Eglise ? Est-ce un crime de réclamer des prières pour les morts, de la part de ceux qui ont reçu le prix des prières ? Est-ce un crime enfin d'intéresser la justice et la charité des membres de l'Eglise militante, qui retiennent dans l'Eglise souffrante, les ames que désire et qu'attend l'Eglise triomphante ? Si la cendre des morts est une propriété des vivants, à laquelle on ne peut porter atteinte sans crime et sans sacrilége; les prières dues par les vivants sont aussi la propriété des morts, dont il est sans doute injuste et barbare de les priver. Dans un État où la religion catholique, apostolique et romaine est la religion de l'Etat, cette doctrine ne peut être appelée, SIRE, ni dangereuse ni criminelle, ni séditieuse, ni erronnée ; à moins de regarder l'Evangile comme une imposture, la foi catholique comme une erreur, et le symbole des apôtres comme un mensonge. J'en atteste ici les trois Eglises militante, souffrante et triomphante, et les nombreux auteurs de nos antiques fondations religieuses, et saint Louis, votre auguste aïeul, SIRE, qui en a couvert la face de votre royaume ! j'ai rendu justice à leurs droits sacrés, en rendant également hommage à vos lois : comme on quête la rançon des captifs sur la terre, j'ai quêté, l'Evangile à la main, pour la rédemption de la captivité des ames ; et si ce devoir pieux est un délit, si cette œuvre de justice et de miséricorde trouble la tranquillité de l'Etat, ce n'est point le ministre de la religion, c'est la religion même qu'il faut en accuser, puisqu'elle lui fait de cette doctrine une obligation sacrée : il faut donc qu'il en instruise ses frères, ou que sa religion soit enchaînée et opprimée comme sous le règne de Buonaparte, ou tout-à-fait proscrite comme sous le règne des directeurs athées.

Enfin je suis accusé par le magistrat, et au nom de Votre Majesté, d'*avoir répandu pu-*

bliquement des alarmes touchant l'inviolabilité des propriétés qu'on appelle nationales, actes séditieux prévus par les articles 8, 9 *et* 10 *de la loi du* 9 *novembre* 1815.

J'espère, que dis-je? je suis persuadé, je suis sûr que Votre Majesté aperçoit déjà l'énorme différence qui se trouve entre des alarmes séditieuses répandues dans le public, et des alarmes salutaires suscitées dans les consciences. N'est-ce pas par les alarmes que la religion exerce son empire sur nos cœurs, qu'elle enchaîne les passions, et fait pratiquer sa morale gênante et sévère? N'est-ce pas par les alarmes que Jésus-Christ et ses apôtres ont converti le monde? Tous les discours prononcés dans nos temples, du haut de la chaire de vérité, ne sont-ils pas comme une pluie d'alarmes qui tombe sur les consciences, et qui fait germer et fructifier la parole de Dieu? N'est-ce pas une heureuse et sainte alarme, que la crainte du Seigneur? et n'est-elle pas en même temps, dit l'Esprit-Saint, le commencement de la sagesse? *Initium sapientiæ, timor Domini.* Et n'est-ce pas avec la crainte et les alarmes que le grand apôtre nous ordonne de travailler à l'œuvre de notre salut? *cum metu et tremore vostram salutem operamini.* Certes, c'est faire un étrange abus des mots et de leurs significations essentielles, SIRE, que d'assimiler les religieuses alarmes que le ministre des autels cherche à répandre dans les ames pour les conduire dans la voie du salut, avec les cris alarmants que des séditieux cherchent à répandre parmi les citoyens, pour les conduire dans la voie de la rebellion. Votre Majesté, sans doute, n'adoptera pas une pareille confusion de mots et de choses, surtout quand elle se rappellera cette pieuse maxime de Louis-le-Grand, son auguste aïeul, qui, au sortir d'un sermon, dit publiquement : *Je suis d'autant plus content de ce prédicateur, que je suis moins content de moi.* Non, SIRE, les alarmes que j'ai peut-être répandues dans les ames de vos sujets, ne sont pas plus séditieuses que ne l'étaient celles dont le cœur du grand Monarque fut agité, après avoir entendu le ministre de la parole du Seigneur; non, SIRE, en parlant aux consciences, je n'ai point répandu des alarmes qui, devant le tribunal de Dieu, devant le tribunal des hommes, et au pied du trône de Votre Majesté, puissent être, en aucune manière, assimilées à celles que cherchent à répandre les ennemis des Bourbons et de la légitimité, les amis du désordre et de Buonaparte, les auteurs à doctrine révolutionnaire, et les vociférateurs publics, qui portaient jusque dans les rangs militaires, et sous les fenêtres de Votre Majesté, leurs cris et leurs imprécations séditieuses et blasphématoires; non, Sire, mon écrit, monument et hommage de ma fidélité, n'est point comparable à tous ces actes de révolte et de sédition publique.

Pour conduire cette preuve essentielle de ma défense jusqu'à la conviction, daignez, Sire, daignez remonter au titre de la loi, à l'époque où elle a été rendue, et aux événements qui l'ont provoquée.

Dès que Votre Majesté eut remonté sur son trône, après la seconde chute du tyran, des hommes attachés à son parti, ou désireux de renouveler pour d'autres, ou pour eux-mêmes, les désordres révolutionnaires, parcouraient des lieux publics ou particuliers, et poussaient des cris, tenaient des discours, ou colportaient des écrits contre la personne sacrée de Votre Majesté, et contre sa famille auguste, qu'on osait *menacer des plus grands attentats.* D'autres, afin de rendre odieux le gouvernement et de jeter des doutes sur sa stabilité, disaient publiquement que les lois changeraient, que les propriétés nationales seraient un jour violées, et que les dîmes et les droits féodaux seraient aussi rétablis.... etc.... Tels sont les délits qui se multipliaient alors d'une manière alarmante, et contre lesquels a voulu sévir la loi du 9 novembre. Votre Majesté pourra-t-elle jamais croire que mes principes et la doctrine de mon ouvrage soient compris dans cette loi, et qu'ils puissent être soumis aux peines qu'elle prononce ?

Vous qui, par une ineffable concession du plus clément de nos souverains, partagez avec lui le droit suprême de nous donner des lois, et qui cachez maintenant, au fond des provinces, vos talents et vos loyales vertus, en attendant le moment de les offrir, pour la seconde fois, à l'admiration de la capitale ! venez et dites-nous si la loi que vous avez portée, si les peines que vous avez prononcées ont eu pour objets ou les alarmes salutaires semées dans les consciences par la voix de la religion, ou les alarmes séditieuses semées dans les esprits par la voix de la discorde; ou les royalistes d'une fidélité à vingt-cinq ans d'épreuve, ou les révolutionnaires endurcis, que vingt-cinq ans de malheurs et la clémence du meilleur des rois n'ont pu convertir ?

S'il est vrai que dans la législation morale et religieuse, *la lettre tue et l'esprit vivifie*, cet axiome n'est pas moins vrai dans les lois civiles. Appliquons donc à mon écrit l'esprit de cette loi du 9 novembre, et voyons si je suis coupable ou non, d'après l'article 8 rapporté spécialement contre moi par M. le procureur du Roi; le voici :

« Art. 8. Sont coupables d'actes séditieux, » toutes personnes qui répandraient ou accré» diteraient, soit des alarmes touchant l'invio» labilité des propriétés qu'on appelle nationa» les, soit des bruits d'un prétendu rétablisse» ment des dîmes ou des droits féodaux; soit » des nouvelles tendantes à alarmer les citoyens » sur le maintien de l'autorité légitime, et à » ébranler leur fidélité. »

Or, je demande au ciel et à la terre, à la France et à Votre Majesté, a-t-il vraiment alarmé ses concitoyens sur l'inviolabilité des propriétés dites nationales, celui qui leur a dit que *l'imperturbable possession et la propriété légale leur en est acquise et assurée par le législateur; que les tribunaux en garantissent et proclament la légitimité; que les anciens propriétaires ne peuvent en faire aucune réclamation juridique; et que la Charte constitutionnelle et toutes les lois les mettent à l'abri des dangers et des craintes de la restitution?* Non, Sire : je n'ai point ébranlé, je n'ai point attaqué; mais j'ai au contraire confirmé légalement et juridiquement l'inviolabilité des propriétés nationales : je n'ai point proféré des cris séditieux, mais des paroles de paix et de bonheur pour ce monde et pour l'autre. Je n'ai point publié une doctrine dangereuse, puisque c'est celle de la religion de l'Etat : et si cette doctrine est erronnée, comme l'assure M. le procureur du Roi, j'ai quarante évêques légitimes de France pour complices; et, pour juge, l'Eglise universelle.

Je n'ai point cherché, dans mon écrit, à affaiblir l'autorité de Votre Majesté : j'y ai vengé constamment ses droits et ceux de notre Eglise, contre les prétentions de la cour de Rome, et de l'usurpateur qu'elle a si puissamment secondé. La légitimité sacerdotale et royale, unique et véritable palladium de la gloire et du bonheur de la France, a constamment éclairé, exalté mon esprit, enflammé mon ame, et brûlé dans mon cœur, pendant la composition de mon ouvrage : et, je le déclare à la face du ciel et de la terre, en présence de Votre Majesté et de votre auguste Famille, et des ennemis qui m'accusent, et des amis qui me soutiennent, et des lâches qui m'abandonnent, quelles que soient les vicissitudes funestes que le temps ou les pervers fassent éprouver à mon pays malheureux, cette double légitimité sera toujours l'oriflamme que je prendrai pour guide, et l'arche sainte autour de laquelle j'irai me réunir à mes princes et à mes évêques légitimes.

Après avoir solennellement déposé à vos pieds, SIRE, l'hommage de mes principes qu'on appelle *séditieux*, il est peut-être nécessaire de mettre sous les yeux de Votre Majesté le tableau de ma fidélité pratique : il est vrai que dans le champ de l'honneur et de la loyauté, j'ai moissonné jusqu'ici, pour tout fruit de mes travaux, la pernicieuse ivraie que mes ennemis y ont semée. Mais il est des sentiments dont la pratique porte sa récompense en elle-même : et le fidèle amour d'un Français pour son Roi légitime est de ce nombre.

Je n'ai point alternativement encensé Baal et le Dieu d'Israël : les premiers jours de la révolution m'ont trouvé inébranlable au poste de la loyauté ; et c'est aux journaux royalistes que j'ai porté le tribut de mes premiers essais littéraires.

Dès que la prétendue constitution civile du clergé, en 1791, nous proposa de mettre dans nos consciences un parjure à la place d'un serment, je levai le bouclier contre elle, et devins son ennemi ; elle me traita de même ; et sa haine, qui me conduisit aussi devant les autorités de ce temps-là, pour y justifier mes opinions religieuses, n'est peut-être point étrangère à l'accusation qui vient de m'appeler devant les tribunaux.

Car la philosophie révolutionnaire est une hydre, non seulement à mille têtes, mais à mille couleurs, à mille formes : monarchiens, jacobins, républicains, régicides, buonapartistes, concordataires, libéraux, etc., c'est toujours elle, plus ou moins hideuse. Le royalisme anti-révolutionnaire est, au contraire, invariable de sa nature : dans la France ou dans l'étranger, vainqueur ou vaincu, riche ou pauvre, propriétaire ou dépouillé, heureux ou malheureux, payé de reconnaissance ou d'ingratitude, il est toujours fidèle, toujours le même; c'est toujours lui.

Comme prêtre catholique et royaliste, j'ai été persécuté; tantôt caché, tantôt emprisonné et traduit devant les autorités populaires, qui jugeaient en premier et dernier ressort.—Comme vicaire de Ste.-Opportune de Poitiers, j'ai été condamné à la déportation. — Comme déporté réfractaire, j'ai été arrêté à Couhé, petite ville à sept lieues de Poitiers; le 8 septembre 1792, j'ai été pillé et accablé d'injures et de coups; j'ai eu pendant un quart-d'heure la corde fatale au cou, pour être pendu à l'arbre de la liberté, avec cinq autres ecclésiastiques. M. Raison, prêtre d'Angers, et curé dans le diocèse de Larochelle, qui marchait à mon côté vers l'arbre de la mort, a pu raconter ce fait en Espagne à Mgr. de Couci, qui est actuellement à Paris. La cupidité de nos bourreaux qui nous ont quittés un moment pour aller dépouiller de nouvelles victimes survenues, nous a sauvés. — Travesti en garde nationale, je me suis embarqué à Bordeaux pour l'Espagne : après avoir été volé et battu par les douaniers, au fort de Blaye, et à bord, insulté, maltraité, assommé par les matelots, j'ai enfin débarqué, malade, épuisé, nu et mourant, dans le port de Saint-Sébastien, en Espagne. — Mgr. l'évêque de Dax (de la Neuville) m'a accueilli, m'a secouru, m'a sauvé la vie, et m'a envoyé, muni d'un passeport du général Ricardos, dans la ville de Vittoria, où j'ai résidé trois ans en proie à la misère, à l'orgueil des Espagnols, aux reproches et au mépris des évêques et des moines ultramontains. — Chassé de là, par l'invasion des armées françaises, j'ai traversé l'Espagne du nord à l'ouest, au milieu des imprécations et des dangers, et me suis rendu à Saint-Jacques de Compostelle, ayant toujours la misère pour compagne, et pour consolation, ma loyauté. — Après un an de résidence, je me suis embarqué à la Corogne pour l'Angleterre.

Là, je respire enfin; ma foi se console de

toutes ses disgrâces; je suis au milieu de nos évêques légitimes. — Mon royalisme triomphe; je vois mes princes et puis les servir. — Tous mes efforts se dirigent vers le rétablissement de l'autel et du trône; et la légitimité sacerdotale et royale devient le texte et le but de tous mes écrits. — J'ai donc successivement publié à mes frais, et fait répandre gratis à Bordeaux, dans la Bretagne, la Vendée, le Poitou, et sur toute la côte occidentale de la France, les ouvrages suivants :

1°. En 1797, *Réflexions critiques*, ou *Lettre à M. de Calonne, auteur du tableau de l'Europe*, avec cette épigraphe : *Tu verò repulisti, et despexisti : distulisti christum tuum.* Ps. 88., pour combattre le nouveau culte catholique, ou soi-disant tel, que voulait donner à notre malheureuse patrie cet ancien ministre des finances. — Son Altesse Royale, MONSIEUR, reçut et accueillit cet ouvrage à Édimbourg, par les soins de M. le comte François Descars.

2°. En 1798, *Étrennes royales, historiques, politiques et littéraires*, destinées à soutenir le royalisme dans l'intérieur de la France, à alimenter sa fidélité, et à prouver que l'intérêt de tous les rois de l'Europe devait les engager dans une sainte ligue contre la révolution française. Cet ouvrage fut répandu avec profusion dans la Vendée, à mes frais, et fut accueilli par tous les princes français à Londres, et par le Roi lui-même, à qui M. le comte d'Avaray voulut bien le présenter, en Pologne.

3°. En 1799, *la Foi couronnée*, ou *le Massacre des pasteurs catholiques, morts pour la cause de J.-C. pendant la révolution de France,* poème en cinq chants, accompagné de notes historiques et théologiques, avec cette épigraphe : *Sacerdotes eorum in gladio ceciderunt*, psaume 77. Cet ouvrage, in-12, de 350 pages, fut gracieusement accueilli par le Roi, par tous les princes, et nos évêques ; et l'auteur en fit passer plus de 600 exemplaires dans la Vendée, et à ses frais, par les soins de plusieurs officiers vendéens et chouans, nommément MM. Préjean et Jean Marie, chevaliers de Saint-Louis.

4°. En 1800, *le Mercure de France*, ou *Recueil historique, politique et littéraire*, par une société de gens de lettres. — Rédacteurs pour la partie littéraire, S. M. de Chateaugiron, *Waren Street, Fizroy Square* ; n°. 9. — Pour la partie historique et politique, M. Vinson, *Tottenham Court*, n° 12, avec cette épigraphe : UTILE DULCI. Cet ouvrage périodique, entièrement dirigé dans les intérêts de la maison de Bourbon, et pour la défense de ses droits, fut entrepris par l'abbé Vinson, seul d'abord; et lorsqu'il eut l'honneur de présenter son prospectus à S. A. Royale, *Monsieur*, à Londres, dans sa maison de Welbeck-Street, où ce prince demeurait, S. A. R. daigna lui répondre en présence de M. le comte François Descars : *le Roi s'est imposé la loi de ne donner aucun privilége, et je ne puis moi-même promettre rien par écrit; mais si la Providence nous ramène dans notre patrie, vous pouvez compter sur le privilége du journal que vous entreprenez pour notre cause, ou sur une pension établie sur les journaux, ou sur la librairie.*— J'ai fait imprimer le journal à mes frais, pendant quinze mois; je l'ai fait répandre, le plus souvent possible, dans l'intérieur de la France; mon collaborateur et moi y avons dépensé plus de 600 guinées, fruit de mes travaux dans l'enseignement. Nous voilà *ramenés par la Providence dans notre patrie;* et je n'ai obtenu jusqu'ici ni privilége, ni pension. — Ce n'est cependant pas faute d'avoir réclamé: j'ai présenté une pétition à Votre Majesté, Sire; elle était apostillée, et appuyée de tous mes services et de tous mes droits.—Voici la réponse que j'ai reçue; et en la publiant, je rends un hommage authentique à la bienfaisante équité du ministre, et aux bontés dont il se plaît à honorer tous les vrais amis du Roi. — *Ministère de la maison du Roi.—Secrétariat général.— Paris le* 21 *novembre* 1814.— « *Il* » *me serait sans doute fort agréable, Mon-* » *sieur l'abbé, de concourir à vous faire ob-* » *tenir des bontés du Roi la récompense à* » *laquelle votre fidèle dévouement vous donne* » *de si justes titres ; mais je ne saurais inter-* » *venir dans une réclamation étrangère aux* » *attributions de mon ministère ; et le* MER- » CURE DE FRANCE *se trouvant, ainsi que les* » *autres journaux, ressortir de la direction* » *générale de la police, je ne puis que vous* » *engager à vous adresser directement à* » *M. le comte* Beugnot.—*J'ai l'honneur d'être,* » *avec un très parfait attachement, Mon-* » *sieur l'abbé, votre très humble serviteur.* — » *Signé* BLACAS. »

SIRE, il est donc vrai, et en même temps reconnu que j'ai de *justes titres, par mon fidèle dévouement, aux bontés et aux récompenses de Votre Majesté.*—Cependant ma position actuelle me fait vivement sentir que je n'y ai pas encore participé.—Mais je reviens à mes services littéraires.

5°. ODE *sur le couronnement du sieur Buonaparte.*—Après l'avoir moi-même *présentée* à Son Altesse Royale MONSIEUR, et à Mgr. le duc de Berry, à Londres, *South-Audley Street*, N°. 50., j'en fis passer cinq cents exemplaires à Bordeaux, et le même nombre dans la Bretagne.

6°. Dans ce même temps, et à l'occasion de la fête de Saint-Pierre, je prêchai dans la chapelle catholique de *London Street*, un sermon, où, parlant du Concordat et du couronnement de Buonaparte, j'établis, sur la doctrine de l'Eglise et sur l'Evangile, la légitimité de nos Rois et l'inamovibilité canonique de nos évêques; je prêchai plusieurs fois ce discours qui me fut redemandé, mais je ne le fis point imprimer.

7°. En 1807, le Roi daigna me faire prévenir que Sa Majesté honorerait de sa présence mon établissement astronomique, au Panthéon de Londres. Connaissant l'amour de notre Souverain pour tous les Français, surtout pour les Français fidèles, et jugeant de leur cœur par le mien, je résolus de procurer à ceux que leur incorruptible loyauté retenait encore en exil, le bonheur de voir leur Roi, leur père, objet de tant de sacrifices, de tant de peines, que sa présence leur faisait oublier. J'appelai dans les salles immenses du *Cosmorama*, et j'admis *gratis*, tous les émigrés qui se trouvaient encore dans la capitale de l'Angleterre; le Roi vint, et le cœur gonflé d'attendrissement et de joie, le Père de cette famille malheureuse se vit environné, pressé par trois mille de ses enfants qui, les larmes aux yeux, ne cessèrent de crier *vive le Roi! vive le père des Français!* Scène attendrissante, que j'ai vue, que j'ai provoquée, tu ne sortiras jamais de ma mémoire! et tu suffis seule pour me consoler de la persécution que j'éprouve au nom du Roi!—Sa Majesté passa plus d'une heure dans cet établissement astronomique; elle daigna discourir, sur les phénomènes que j'y expliquais, avec cette sagacité, cette connaissance à laquelle aucune science paraît n'avoir échappé, et en sortant, précédée de M. le duc de la Châtre, et accompagnée de M. le duc de Grammont et de feu M. le comte d'Avaray, elle eut la paternelle bonté de me dire: *M. Vinson, je suis très content de votre établissement, et j'ai goûté ici la plus douce jouissance* DU CÔTÉ DE L'ESPRIT ET DU CÔTÉ DU COEUR.

8°. En février 1814, je composai et fis imprimer une ode royaliste sur la campagne des alliés et la restauration des Bourbons; je l'adressai au Roi, aux princes, et la fis répandre gratuitement en France.—Voici la lettre que je reçus à cette occasion de Son Altesse Sérénissime Mgr. le prince de Condé.— 16, *Lower Berkeley Street, le 2 février* 1814.—*J'ai reçu*,

Monsieur, l'exemplaire de votre Ode que vous m'avez envoyé, et je vous fais mes remercîments de votre attention. J'ai lu votre ouvrage avec plaisir, y ayant trouvé autant de preuves de vos talents poétiques que de votre fidélité à votre Roi légitime; ne doutez pas, Monsieur, de mes sentiments pour vous. — Signé Louis-Joseph DE BOURBON. (*A M. l'abbé Vinson.*)

Voici la lettre de M. de Blacas, de la part du Roi, sur le même sujet. — *Londres, ce 8 février,* 1814. — *J'ai eu, Monsieur l'abbé, l'honneur de mettre sous les yeux du Roi, l'Ode française que vous venez de faire paraître. Vous ne pouviez douter du plaisir que j'aurais à présenter à Sa Majesté* CE NOUVEL HOMMAGE D'UN SUJET AUSSI DÉVOUÉ : ELLE ME CHARGE DE VOUS TRANSMETTRE, A CETTE OCCASION, UN TÉMOIGNAGE DE SA SENSIBILITÉ ET DE SA SATISFACTION; *Veuillez agréer, Monsieur l'abbé, l'assurance de la considération distinguée avec laquelle j'ai l'honneur d'être, votre très humble et très obéissant serviteur, signé* BLACAS-D'AULPS.

9°. Dans le mois de mars 1814, au moment où, proclamant son Souverain légitime, la ville de Bordeaux leva, contre Buonaparte, l'étendard, non de la révolte, mais de la fidélité (car c'est alors que l'insurrection était vraiment le plus saint des devoirs), je publiai une espèce de cantate royaliste, et j'envoyai l'édition toute entière à son Excellence M. le comte de la Châtre, pour la faire distribuer gratis aux Bordelais, et soutenir leur enthousiasme loyal. Voici la réponse que je reçus de ce ministre infatigable et fidèle à servir la cause de son maître. — *Le comte de la Châtre a reçu le billet et le paquet extrêmement lourd qui lui a été adressé pour Bordeaux ; il ne peut pas juger encore du moment où il pourra le faire parvenir. M. de la Châtre profitera sûrement de la première occasion favorable ; mais il ne peut pas répondre de l'époque à M. Vinson. — Londres*, ce 23 *mars* 1814.

10°. Au mois d'août 1814, à l'occasion de la fête donnée à Sa Majesté par la ville de Paris, je publiai une *Ode à la Discorde*, pour engager les Français à la proscrire à jamais; et étant présenté moi-même au Roi, au commencement de septembre, j'eus l'honneur de la déposer aux pieds de Sa Majesté, qui daigna accueillir avec bonté l'auteur et son ouvrage.

11°. Pendant qu'on tramait en France le retour du tyran, je fis remettre, par une personne des Tuileries, au ministre lui-même, des notes, des gravures qui circulaient en secret, et des renseignements sur cette trame odieuse. La seule réponse rendue furent des remercîments.

12°. Vers la fin de 1815, pendant le procès du maréchal Ney, il parut une série de questions captieuses, auxquelles M. le procureur-général lui-même (M. Bélard) jugea qu'il était nécessaire de répondre. Sur la demande d'un ami, parlant au nom d'un grand personnage qui occupe encore une place éminente à la Cour, je me chargeai avec plaisir d'écrire cette Réponse, pour le service du Roi, en faveur de la bonne cause; et j'eus le bonheur de remplir cette tâche délicate de manière à mériter l'approbation, à ce qu'on m'a dit, mais point la reconnaissance, à ce qu'il paraît, de ceux qui m'en avaient chargé.

13°. Pendant le règne des cent jours, je me retirai à Londres. Convaincu de l'avantage qu'il y aurait à pouvoir répandre, sur toute la France, les ordonnances et les déclarations du Roi; j'imaginai une mécanique simple et fixée à un petit ballon de cinq ou six pieds de diamètre, au moyen de laquelle des papiers imprimés seraient répandus successivement et continuellement sur tous les points qui se trouveraient dans la direction du vent d'un bout de la France à l'autre. J'en fis exécuter deux dessins, et je me hâtai de les adresser à Gand, en offrant d'aller, à mes frais, les mettre moi-même en pratique. Voici la réponse que je reçus alors sur ce sujet. — *Gand, le 17 juin 1816. — J'ai reçu, M. l'abbé, la lettre que vous avez pris la peine de m'écrire, et les deux dessins qui y étaient joints. Je n'ai pas laissé ignorer au Roi* CETTE PREUVE DE VOTRE ZÈLE, ET SA MAJESTÉ Y A ÉTÉ SENSIBLE. *Mais des mesures ayant été prises pour assurer l'introduction, en France, des ordonnances royales et proclamations, je ne pense pas qu'il soit, en ce moment du moins, nécessaire de recourir au projet que vous présentez. — J'ai l'honneur d'être, avec un très parfait attachement, Monsieur l'abbé, votre très humble et très obéissant serviteur.* — Signé BLACAS-D'AULPS.

Jusqu'ici je n'ai offert à Votre Majesté, SIRE, que le récit de mes veilles, de mes travaux littéraires, et de mes sacrifices de fortune pour le service de l'autel et du trône; car je n'ai jamais séparé ces deux objets si chers à mon cœur: faut-il, pour avoir part aux récompenses que la royauté doit au royalisme, courir les dangers de perdre la liberté, la vie? Je suis encore assez heureux pour pouvoir mettre un pareil hommage aux pieds de Votre Majesté.

Vers la fin de 1799, après les malheureuses

défaites de la Vendée, et sa pacification plus malheureuse encore, et la division de ses généraux, et la meurtrière trahison du gouvernement de Buonaparte, je partis de Londres pour me rendre en France, et fus chargé par Mgr. l'évêque d'Arras, suivant les instructions de S. A. R. Monsieur, de recueillir toutes les connaissances possibles sur ce que ce pays-là conservait encore de ressources en armes, en hommes et en munitions cachées. Je me rendis à Rotterdam, sans passeport; je me hasardai de pénétrer de même en France; je fus arrêté à quelques lieues d'Anvers, par les gendarmes: de l'argent, et un brave homme de cette ville me tirèrent de ce mauvais pas. — J'achète un passeport, à la faveur duquel je me rends à Paris. Là, au milieu des espions et de la police inquisitoriale, je passe deux *décades* et subis trois interrogatoires; un chez le commissaire du quartier, et deux à la préfecture. — J'échappe encore, et me rends à Poitiers; de là à Angers, à Nantes, et ensuite à Beaupreau, où, logé pendant plusieurs jours chez Mme. la maréchale d'Aubeterre, je ramasse toutes les connaissances qui m'étaient demandées. J'en forme un mémoire : je le cache soigneusement, et reviens à Paris par une route différente, mais avec les mêmes périls. — J'achète encore là un passeport signé Talleyrand-Périgord, pour me rendre dans l'étranger. J'arrive à Calais, où le commissaire du port, Mingaud, d'exécrable mémoire, me fait arrêter, sous prétexte de quelque erreur dans mon passeport. — Enfin, à force d'argent et d'amis, j'échappe au Cerbère, je m'embarque et arrive bientôt à Douvres, et de là à Londres. Deux copies de mon mémoire furent mises sous les yeux de S. A. R. MONSIEUR, l'une par M. le comte François, et l'autre par Mgr. l'évêque d'Arras. Son Altesse Royale m'en témoigna elle-même ensuite sa satisfaction, en me disant : *Des temps plus heureux viendront où nous pourrons vous récompenser de vos sacrifices et de vos peines.* — M. l'abbé de *Bouvens*, aujourd'hui aumônier de Votre Majesté, tenait alors le chiffre de la correspondance ; il doit peut-être à cet emploi fatiguant le déplorable état de sa santé ; et voici comment il s'exprime sur ce fait, qui n'a pas manqué d'être à sa connaissance.

Je soussigné certifie qu'en 1802, Mgr. l'évêque d'Arras m'écrivit à Londres, d'Edimbourg, pour me recommander d'appuyer, en son nom, les demandes de M. l'abbé Vinson, à l'effet d'obtenir la place d'aumônier dans le corps des vétérans de Lymington ; ce prélat voulant récompenser cet ecclésiastique de l'en-

voi qu'il avait fait d'un Mémoire détaillé sur l'état des royalistes de la Vendée, dont S. A. R. avait été satisfaite.—A Paris, le 15 *juillet* 1816. — *Signé*, l'abbé de Bouvens.

Sire, en mettant sous les yeux de Votre Majesté les véritables principes de mon ouvrage, et ma conduite politique depuis le commencement de la révolution jusqu'à ce jour, j'ai rempli la tâche que mes accusateurs m'ont imposée; et je puis dire maintenant : *prononcez, Seigneur, et jugez-moi; judica me.* Si, pour humilier peut-être et dégrader de plus en plus le royalisme dans la personne de ceux qui l'ont invariablement professé, je suis traduit devant le tribunal où sont jugés les filous, les escrocs, les machinateurs d'attentats et les vociférateurs de blasphêmes contre Votre Majesté et son auguste Famille, daignez me rendre la justice de ne pas me confondre avec eux, et distinguez ma cause de celle des traîtres que ne pourront jamais ramener à vous peut-être, ni vos vertus paternelles, ni votre clémence excessive, ni vos inépuisables bienfaits : *Discerne causam meam de gente non sanctâ;* et délivrez-moi des poursuites des hommes injustes et astucieux, qui se cachent et voient avec joie servir et triompher leur vengeance particulière par l'auguste ministère des magistrats publics; *et ab homine iniquo et doloso erue me.*

N'en croyez pas nos calomniateurs, SIRE! Non, la personne, les lois, l'autorité de Votre Majesté n'ont point d'ennemis parmi vos compagnons d'exil et d'infortune : nous n'avons jamais eu, près de nos princes, ni professeurs, ni disciples, ni école de haine à la royauté. C'est dans les rangs des convertis que, l'année dernière, ont brillé les plus grands traîtres; et ceux qui ont aimé et servi Votre Majesté pendant vingt-cinq ans, l'aimeront et la chériront jusqu'à la mort.

Que la doctrine politique et religieuse que j'ai professée dans tous mes ouvrages, et particulièrement dans l'écrit pour lequel on m'accuse, m'eût attiré l'honorable persécution et la tradition de ma personne devant les tribunaux de Robespierre, ou des directeurs, ou de Buonaparte, la chose est concevable et juste : leur injustice m'eût très justement condamné; mais que je sois traduit, pour la même cause, devant les tribunaux de mon Souverain légitime, après la restauration : voilà ce que la postérité ne croira point, ce que les contemporains ne peuvent expliquer, et ce que je prends moi-même pour un songe, au moment où je comparais et parle pour ma défense devant mes juges et au pied du trône de Votre Majesté.

C'est mardi prochain, 3 du mois de septembre, que doit être prononcé le jugement d'une si étrange affaire. Mais, avant de l'entendre, permettez-moi, Sire, comme prêtre et membre de l'Eglise gallicane, pour le maintien de la discipline ecclésiastique, et des formes canoniques et des droits du corps auquel j'ai l'honneur d'appartenir, de protester contre la compétence du tribunal qui doit prononcer sur une affaire toute religieuse, puisqu'il s'agit du ministère d'un prêtre, et des alarmes suscitées par la religion dans les consciences.

Après avoir été accusé par le ministère public avec une telle authenticité que tous les journaux étrangers en ont instruit l'Europe entière, je dois également protester contre la sentence qui a, depuis, ordonné l'instruction de mon affaire à huis-clos. N'est-il pas en effet injuste et contraire à l'intérêt de l'accusé, de ne permettre qu'une défense secrète, contre une accusation publique, dans une cause surtout qui ne peut produire aucun désordre, et qui n'attaque point les mœurs? Et qu'on ne dise point que la publication de la sentence, si elle est en ma faveur, suffira pour ma justification; car je puis et dois répondre que, dans le cas contraire, si l'instruction eût été publique, mes moyens de défense auraient pu frapper différemment mon auditoire et mes juges; et par l'effet d'une conviction intime tout-à-fait contraire, j'aurais été au même instant, peut être, jugé coupable au tribunal des magistrats, et innocent au tribunal de l'opinion publique.

Après avoir satisfait à ce double devoir, sûr de mon innocence dans cette affaire, mais incertain de son issue, je me livre à la justice des hommes, et à la sagesse toujours douteuse de leurs jugements; mais j'ai recours, en même temps, à quelque chose qui n'est ni incertain, ni douteux, ni trompeur : c'est la parole de Dieu. Heureux, dit-elle, heureux, vous qui souffrez persécution pour la cause de la justice et de la vérité! Heureux quand les hommes vous attaquent, vous maudissent, vous calomnient, vous accablent de leurs mensonges, à cause de moi! Réjouissez-vous en; car vous recevrez pour cela une copieuse récompense dans le ciel! C'est ainsi qu'ils ont persécuté les prophêtes avant vous. (Math. 5. 10.). Je vous envoye comme des agneaux au milieu des loups; défiez-vous des hommes; ils vous livreront aux tribunaux et aux synagogues pour être flagellés; mais ne craignez point ceux qui peuvent enlever la vie du corps, et qui n'ont aucun pouvoir sur l'ame : craignez plutôt celui qui peut faire mourir et perdre tout à la fois l'ame et le corps. (Mat. x.)

Sire, enflammé par ces paroles toutes divines, ce que j'ai souffert pour mes opinions religieuses avant de quitter la France, en 1792, je puis encore le souffrir après mon retour en France, en 1816. Au lieu de recevoir les bienfaits et les récompenses auxquels mon dévouement et mes sacrifices me donnent des droits incontestables, il serait possible que je fusse condamné à une amende légère peut-être, mais à coup-sûr, au-dessus de mes facultés. A vingt-deux ans d'exil pour la cause de Votre Majesté, dois-je ajouter encore cinq années d'emprisonnement, par les ordres de Votre Majesté? Mais les disciples de J.-C. me sont offerts pour modèles par J.-C. lui-même; et, comme eux, pensant que les arrêts et la condamnation des hommes ne sont pas toujours ratifiés dans le ciel, je me retirerai du tribunal, de mes juges, comme je quitte maintenant le pied du trône de Votre Majesté, en me réjouissant d'avoir été jugé digne de souffrir quelque outrage pour le nom de Jésus.

L'Abbé VINSON.

www.ingramcontent.com/pod-product-compliance
Ingram Content Group UK Ltd.
Pitfield, Milton Keynes, MK11 3LW, UK
UKHW031934260826
14628UKWH00004B/1622

9 782019 667207